b 56
Jb 1273

DÉFENSE DE MIOT.

COUR IMPÉRIALE DE PARIS

SOCIÉTÉ SECRÈTE.

DÉFENSE

DE

JULES MIOT

Suivie de la réplique de **M⁰ LAURIER,** avocat.

PRIX : quatre timbres-poste de 20 c.

Nantes. — IMP. DU COMMERCE. — Ev. Mangin.

1863.

SOCIÉTÉ SECRÈTE

COUR IMPÉRIALE DE PARIS.

DÉFENSE DE JULES MIOT

Suivie de la réplique de Me LAURIER, avocat.

Audiences des 22 & 24 août 1862. M. ANSPACH, président.

——•◦❀◦•——

....

M. LE PRÉSIDENT : Me Crémieux, vous avez la parole.

Me CRÉMIEUX : Monsieur le président, mon client Miot demande à la cour la permission de faire quelques observations.

Miot se lève, et s'exprime ainsi : Messieurs, permettez-moi de vous présenter quelques observations rédigées dans le silence de ma cellule de Mazas.

MESSIEURS DE LA COUR,

Aussitôt après la condamnation qui m'a frappé, le 19 juillet, pensant philosophiquement comme Pythagore que le vrai malheur n'est pas de supporter des injustices, mais d'en faire aux autres, j'eus l'intention de ne pas appeler, et je rédigeai la lettre suivante pour l'envoyer aux journaux :

« Mazas, le 21 juillet 1862.

» MONSIEUR LE RÉDACTEUR,

» Insérez, je vous prie, la déclaration ci-jointe dans l'un de vos plus prochains numéros.

» Considérant que la magistrature, par sa sentence contre moi, se reconnaît le droit de frapper sans preuve, et................... »

A ces mots, M. le président interrompt le prévenu Miot et lui dit : Aucun journal ne consentirait à imprimer ce que vous avancez.

La Cour accorde et veut toujours accorder à la défense la latitude la plus grande dans les limites raisonnables. Il n'est permis à personne de déclarer, comme vous venez de le faire, qu'il a été condamné sans preuve

Miot : Permettez-moi de continuer ma lecture. Vous m'interromprez si vous le jugez nécessaire. — Je reprends :

» et proclame ainsi un principe nouveau, en vertu duquel les tribunaux peuvent prononcer des condamnations politiques, d'après des dénonciations anonymes, ou de simples présomptions :..........»

M. le Président : Je ne puis vous laisser continuer. Vous avez eu le grand tort de ne pas communiquer cette note à votre défenseur, qui ne vous aurait pas assurément conseillé de la lire. Mᵉ Crémieux, vous avez la parole.

Mᵉ Crémieux : Je demanderai à la Cour de vouloir bien suspendre l'audience pendant cinq minutes.

M. le Président : Cela est impossible, Mᵉ Crémieux. Le temps de la Cour est compté. Ce que vient de dire Miot prouve qu'il n'a pas le juste sentiment de ce qui est permis ou défendu. Je ne puis le laisser continuer. Miot, asseyez-vous.

Miot : Monsieur le président, vous avez le droit de m'interrompre, mais......

M. le Président : C'est plus qu'un droit, c'est un devoir.

Miot : Monsieur le président, voulez-vous que je vous communique mes observations écrites ? Vous serez juge.

M. le Président : Je ne suis pas juge unique. Vous avez un défenseur, Mᵉ Crémieux, qui, mieux que tout autre, doit vous guider. Au reste, il y a quelque chose à faire..... Le défenseur de Gastinel a la parole.. .. Que Mᵉ Crémieux examine les observations écrites de Miot, et quand il aura fait cet examen nous pourrons être tranquilles.

Mᵉ Crémieux remercie la Cour et quitte l'audience pour aller examiner le manuscrit de Miot.

Mᵉ Rousselle, avocat de Gastinel, a la parole. ....
....

Mᵉ Crémieux rentre à l'audience et dit : Monsieur le président, j'ai lu le manuscrit de Miot, et je dois déclarer que mon client a été très malheureux à sa première phrase, au moment où il a été interrompu, le reste de sa défense pouvait parfaitement être entendu; — il l'eût peut-être été aussi dans un des derniers paragraphes que j'ai supprimé, mais je pense que, dans son état ac'uel, la Cour peut écouter la lecture du manuscrit de Miot.

M. le Président : Miot a la parole, et la Cour espère qu'il justifiera sa confiance.

SUITE DE LA DÉFENSE DE MIOT.

» Qu'il peut être utile de laisser appliquer ce principe pendant quelque temps, afin de mettre le pays à même de le juger par expérience ;

» Qu'il serait inopportun alors et puéril de chercher à faire réformer, par d'autres juges, la sentence qui vient de m'atteindre ;

» Qu'il est, je crois, plus digne d'accepter ma condamnation avec une résolution stoïque, plutôt que de faire un appel qui pourrait ne paraître qu'une mesquine protestation judiciaire ;

» Qu'il me semble plus convenable d'en référer à l'opinion publique et aux pages de l'histoire.

» Je déclare être prêt, dès aujourd'hui, à laisser exécuter la condamnation sous le poids de laquelle je suis placé. Puisse la conscience de ceux qui m'ont fait accuser, être aussi tranquille que la mienne !

» Recevez mes fraternelles salutations, Monsieur le rédacteur, et permettez-moi, en terminant, d'adresser publiquement mes hommages de gratitude à Me Crémieux, mon défenseur ; aux nobles et courageux avocats du barreau de Paris, qui sont venus, en si grand nombre, me donner des preuves de sympathie après le prononcé du jugement. »

Avant d'envoyer ma lettre aux journaux, on consulta en mon nom quelques personnes de ma connaissance. Des amis, des adversaires politiques, de profonds jurisconsultes, des journalistes d'opinions diverses, et principalement mon défenseur, furent d'avis d'appeler. Ils combattirent mon appréciation, en opposant à la maxime de Pythagore cet axiôme de Montesquieu : « Une injustice faite à un seul est une menace adressée à tous. » Puis, dans le journal *Le Monde*, parut cet article, dont voici un extrait :

« Une condamnation sur des témoignages de personnes invisibles, » inconnues, d'individus qui ne paraissent pas à l'audience, est un » arrêt rendu sur dénonciation anonyme, c'est un jugement à huis » clos, ce n'est pas la justice. Une pareille sentence, de tels modes » de juger, sont un danger pour tous les citoyens sans exception. »

Le Journal le *Siècle* reproduisit ces lignes, en les approuvant sans réserve, et en rappelant les sentences abominables de l'inquisition. En face de si importantes considérations, je dus faire taire mon sentiment ; je formai l'appel qui m'amène devant vous.

Il me sembla aussi qu'il ne fallait pas douter de la justice supérieure ; que je devais, en tout cas, la mettre à portée de prononcer, beaucoup moins sur ma condamnation que sur la grande question légale que mon défenseur avait soulevée, plus encore dans un intérêt général que pour moi-même.

Messieurs de la Cour, je ne me permettrai pas d'émettre mon opinion sur cette question de droit. En présence des premiers juges, elle a été, elle sera encore ici trop savamment traitée, pour que je croie utile d'en dire un seul mot. Je m'occuperai seulement du fond même du procès et des détails qui le composent. Je donnerai mon appréciation des faits Enfin, j'indiquerai le caractère propre de la cause. C'est avec cet ensemble que je veux apporter dans vos esprits la conviction que la police a fait contre moi une œuvre ténébreuse, infâme, que la justice doit reconnaître et détruire. En coupant court aux débats, sans me demander si j'avais quelque chose à ajouter à ma défense, les premiers juges m'ont enlevé la possibilité de leur communiquer mes réflexions, et les observations que j'avais faites pendant l'audition des prévenus et les plaidoiries des avocats. Ils se sont privés d'un des principaux moyens de se guider dans ce procès, où tout est sombre et mystérieux ; ils n'ont pas pu voir assez clair au milieu des ténèbres qui couvrent la trame dans laquelle on m'a enveloppé, pour m'imprimer le cachet de conspiration et me livrer aux tribunaux.

Je vais examiner chacun des faits, en suivant, autant que possible, l'ordre d'après lequel ils ont été présentés par le ministère public, vous en démontrer la fausseté, l'invraisemblance, l'absurdité, par la puissance de la logique.

1º L'accusation parle d'un jugement politique rendu à Bourges contre moi en 1852. Je n'ai jamais été jugé ni condamné à Bourges. Lorsque j'y fus conduit à la suite du coup d'Etat de décembre 1851, M. Bazenneryd, juge d'instruction, se présenta pour m'interroger, en me disant que j'étais accusé de complot. Je répondis que c'était à moi de me porter accusateur contre le pouvoir qui s'imposait par la force brutale. Je déposai entre ses mains une protestation écrite et signée, en invoquant la Constitution qui venait d'être détruite violemment. Il se retira. Aucun magistrat ne m'a parlé depuis. Dans le courant du mois de janvier suivant, Napoléon rendit un décret contre quatre de mes collègues et moi, par lequel il nous désignait pour être déportés à Cayenne. Quelques jours après, ce décret fut modifié : on fit partir mes collègues pour l'exil, et l'on me garda prisonnier. Au commencement de février, un capitaine d'artillerie, se disant juge d'instruction près d'un conseil de guerre, vint aussi pour m'interroger. Je lui fis la même réponse qu'à M. Bazenneryd. Il se retira. Je n'entendis plus parler d'interrogatoire, ni de tribunaux, ni de jugement.

Un jugement! était-il possible d'en rendre un contre moi? J'étais enlevé violemment de mon domicile, la nuit, au mépris de toutes les lois et de la Constitution, malgré l'inviolabilité que j'avais reçue du suffrage universel avec mon mandat de représentant du peuple. Un jugement rendu en 1852! Où est-il? Que Monsieur l'avocat impérial l'apporte! — Je l'y convie. — Il serait curieux à lire.

2° On prétend que j'ai quitté l'Algérie en 1856 pour aller à Londres, après ma grâce, en 1856. Il n'y eut pas, il ne pouvait y avoir de grâce, puisqu'il n'y avait pas de jugement. Sans doute, j'aurais volontiers donné une marque de sympathie à mes amis dans la proscription, mais je déclare que malheureusement je n'ai ni fait ni pu faire ce voyage.

La vérité de mon affirmation a été démontrée en première instance, par une lettre de M. Vaillant, ministre de la guerre. Cette lettre constate qu'il ne m'a pas été permis de quitter l'Algérie avant l'amnistie de 1859. Voici, du reste, l'emploi de mon temps, du 2 décembre 1851 au mois de décembre 1859. Le 2 décembre, à Mazas; le 17, à Sainte-Pélagie; le 25, à la Conciergerie; le 26, à Bourges; le 4 mars, dans les casemates du fort d'Ivry; le 7, embarqué au Hâvre à fond de cale du *Christophe-Colomb* ; le 10, à Brest, sur le *Duguesclin* (ponton) ; le 13, reconduit sur le *Christophe-Colomb* et dirigé vers Alger, par le détroit de Gibraltar; le 23, sur le carrelage du Lazaret d'Alger; le 2 avril, sur la paille malsaine des cachots du fort Lamalgue, à Toulon; le 4 mai, embarqué sur le *Pluton*; le 7, en Afrique (province d'Oran) sur les planches des baraques du camp Saint-

André; le 12, sur les dalles humides du cachot du fort Mers-el-Kébir; le 31, dans la redoute de Sebdou, entre les frontières du Maroc et le désert des Angades : gardé prisonnier dans cette redoute pendant près de trois ans, sans recevoir la nourriture due au détenu.

M. le Président, interrompant Miot : Personne ne pourra croire ce que vous dites.

Miot : Mais, Monsieur le président, c'est historique.

M. le Président : Allons donc, cela n'est pas de notre temps, c'est de la barbarie. Il vous plaît de dire ceci pour tâcher de vous rendre intéressant.

Miot : Si je pouvais croire qu'on eût cette pensée, je renoncerais à la parole.

M. le Président : C'est une injure faite à notre époque de venir déclarer qu'on a subi des tortures que personne n'a souffertes.

Miot : Je suis de votre avis, Monsieur le président, ces traitements ne sont pas de notre temps, c'est de la barbarie, mais ils sont vrais.

M. le Président : Ce n'est pas l'affaire.

Me Crémieux : Monsieur le président, j'ai jugé que c'était l'affaire.

M. le Président : Nous jugeons, nous, que cette odyssée n'est pas l'affaire.

Miot : Monsieur le président, je suis vraiment malheureux; vous m'avez arrêté encore au moment où j'avais fini. Vous prenez toutes ces tortures pour un badinage, pour un roman à l'effet de me rendre intéressant. Vous avez tort de chercher à démentir ces faits, sans y être autorisé par le moindre renseignement.

M. le Président : Si vous arrivez à l'affaire elle-même, vous pouvez continuer.

Miot continue la lecture de son manuscrit.

A Tlemcen (interné) le 15 janvier 1855; à Alger, considéré libre, en Afrique seulement, le 24 mars 1858; rentré en France, avec mes droits de citoyen, le 15 décembre 1859, après l'amnistie. Par ce que je viens de vous dire, dans le langage le plus laconique, vous devez voir qu'il ne m'a pas été permis de quitter l'Afrique pendant les huit ans que j'y ai été retenu.

N'est-il pas absurde et illogique de dire que je suis allé en

Angleterre pendant tout ce temps? La police a-t-elle pu, de bonne foi, m'imputer ce voyage à Londres, quand tout en démontre la fausseté? car enfin, on ne quitte pas une ville d'Afrique comme une ville du continent. On ne s'en va pas à pied ainsi que sur la terre ferme. Pour partir, il faut s'embarquer : avant l'embarquement, on fait inscrire son nom sur un registre, et l'on remplit bien d'autres formalités qui toutes laissent des traces. Je mets au défi d'en produire une seule. Le mensonge et la calomnie, après les tortures, voilà comment a procédé contre moi la police.

3º Deux chansons politiques manuscrites, trouvées à mon domicile au moment de mon arrestation; une d'elles poussait au régicide. — Dans le courant de février, un inconnu entre chez moi au moment où j'étais près d'une table, occupé à écrire. Il me présente une chanson, en me priant de lui donner mon avis. Je lui déclare, après l'avoir lue, qu'elle ne peut être publiée. « Je le présumais, me dit-il, n'en parlons plus ; mais en voici une autre que je pourrai imprimer, je pense; examinez-la à loisir, je reviendrai les chercher, toutes deux, dans quelques jours.» Il disparaît, laissant une adresse. Ne voyant pas revenir l'*homme aux chansons*, je lui écrivis un jour, il ne vint pas davantage. Le 2 mars arriva, je fus arrêté, et l'on saisit ces chansons, signées par l'auteur. On veut faire peser sur moi la responsabilité morale de ces écrits. Ce n'est pas seulement illogique, c'est absurde et injuste. Si l'on m'a dit vrai, depuis le 2 mars, *notre chansonnier* a été arrêté et relaxé. N'ai-je pas le droit de demander, alors, si ce n'était pas un agent provocateur, envoyé chez moi, pour y mettre ces chansons en dépôt? ce qui était un moyen sûr de les trouver en ma possession ; car, comme dépôt, je n'avais pas le droit de les détruire.

4º L'accusation relève quelques lignes de Vassel, dans lesquelles il est question de moi. — Est-il logique de me rendre responsable de ce que Vassel a pu dire en écrivant : surtout quand il le désavoue lui-même, et alors qu'on a écarté tout ce qu'il a avancé par lettres, ou paroles, sur Joigneaux, Marry, Greppo ?

Joigneaux n'a pas même été inquiété; les deux autres, tous deux prévenus, ont été acquittés.

Qu'est-ce donc, que cette décision qui me frappe par les écrits, ou les paroles de Vassel, et qui, malgré les écrits ou les paroles de ce dernier, en acquitte d'autres?

Ce n'est pas que je blâme ces justes acquittements, au contraire, seulement je m'élève contre mon injuste condamnation.

5° Suivant le ministère public, Bachelet, Vassel, Gastinel, venaient à mon domicile pour s'entendre avec moi — ce sont bien là les termes résumés de l'accusation. Je vais y répondre :

Vraiment ma tâche est trop facile. J'aurais désiré qu'on m'opposât une raison plus consistante, afin qu'il fût possible d'en former un corps de délit, pour le saisir, l'examiner, et vous le montrer sous toutes ses faces. Mais non, on vous met en présence d'une chose impalpable, et l'on ose prétendre que vous devez la trouver très-visible. Oui! oui! j'ai reçu plusieurs visites de ces Messieurs; ils sont venus me voir, soit ensemble, soit isolément, mais jamais à des époques périodiques, jamais après m'avoir donné un avis préalable de leur présence.

Ils sont venus plusieurs fois chez moi, même sans me rencontrer. Bien d'autres que ces messieurs, d'opinions diverses, et pour des motifs différents, sont venus chez moi; pourquoi ne les incrimine-t-on pas? Sait-on ce qu'ils venaient y faire? Les uns me parlaient politique, les autres me consultaient sur des inventions, ou cherchaient à traiter avec moi des affaires industrielles. Bien des réunions ont eu lieu à mon domicile, rue de Rivoli, 142, ou rue Corneille, 7. J'ai eu des relations très-actives avec des personnes auxquelles je proposais de réaliser mon projet d'exposition universelle permanente, projet pour lequel, en 1851, je déposai une proposition à l'Assemblée législative. Si la police avait eu des soupçons sérieux contre moi, comme elle voudrait vous le persuader, elle se serait inquiétée pour connaître le motif de ces réunions. Je traitais ce projet d'exposition universelle assez secrètement, en ce moment-là, et les précautions que je prenais pour ne pas laisser surprendre mon idée*, donnaient à ces réunions un air assez mystérieux.

La police, je le répète, ne s'en est nullement émue; ce n'est que quand j'eus renoncé à mon projet, à cause de l'autorisation qu'il

---

* D'autres que moi l'ont reprise et la réalisent, en ce moment, à Auteuil — Paris — les conséquences et les immenses résultats qu'elle doit produire prouvent combien elle est sérieuse.

fallait avoir du gouvernement, qu'elle a pu savoir ce qu'on disait.

J'ai déclaré devant mes premiers juges, et je déclare ici que Bachelet, Vassel, Gastinel me faisaient des visites qui me paraissaient toutes naturelles, car ils semblaient tenir beaucoup à connaître ma manière d'apprécier tels ou tels faits, tels ou tels événements intérieurs ou extérieurs. Je leur donnais ma pensée aussi librement que si j'avais parlé en public. Ils ne m'ont jamais dit un seul mot qui pût me faire pressentir la moindre idée de conspiration. Si je les recevais en hommes qui ont leurs idées politiques, jamais je ne les ai reçus en conspirateurs.

Au reste, si Bachelet avait souvent une grande vivacité, une grande ardeur de langage, Vassel et Gastinel, dans ces visites, étaient constamment très-réservés. Bachelet parlait beaucoup ; cela prouve-t-il qu'il y ait eu conspiration ?

D'ailleurs, son bavardage même ne m'aurait certes pas permis de lui confier un secret politique.

Du reste, je savais, par des personnes assez bien placées pour connaître beaucoup de choses, qu'on m'en voulait à cause de ma brochure, publiée par Dentu : l'*Heure suprême de l'Italie*, et ma chanson l'*Alerte !* imprimée au profit des Polonais.

J'ai considéré cette confidence comme un avertissement qui m'apprenait qu'on cherchait à me faire dire quelques paroles un peu hardies. Cela m'était bien égal, puisque je ne prononçais jamais un mot qui ne pût être dit publiquement.

Je continuais à recevoir les visites de Bachelet, parce que j'en recevais, parfois, des secrets assez intéressants sur la solution future de la question romaine. J'apprenais comment on s'y prendrait, à la mort du pape, pour lui donner un successeur, suivant les désirs du gouvernement français.

Bachelet venait chez moi, parce qu'il y trouvait le moyen de faire accepter, comme vraies, des choses fausses aux gens qui l'employaient. Il se serait bien gardé de rien me dire qui pût avoir la moindre apparence de conspiration. C'eût été me donner un motif pour lui fermer ma porte, et lui faire perdre, par cela même, l'importance et le rôle qu'il s'était donnés. Serait-ce donc lui qui aurait conté à la police toutes ces fables ? La police malveillante et dupée a produit ce procès avec lequel on m'a fait beaucoup de mal, il est vrai, mais dont les conséquences morales seront peut-être encore plus funestes aux gens qu'elle a cru servir en me faisant arrêter. Ses erreurs, volontaires ou involontaires, sont sans nombre, comme les faux rapports qu'on lui fournit. En voici un exemple : Lorsqu'elle voulut m'arrêter au coup d'Etat de décembre 1851, elle alla me chercher, rue Voltaire, dans un logement que j'avais quitté depuis plus d'un an. C'est après deux heures de recherches infructueuses qu'elle découvrit ma demeure, rue de l'Odéon, 22. Pourtant, des agents secrets étaient chargés de surveiller, avec soin, tous les représentants du peuple qui devaient être arrêtés les premiers. M. Granier Cassagnac l'a affirmé dans une brochure, publiée à la suite du coup d'Etat de décembre. D'après un pareil fait, ne suis-je pas en droit de dire que souvent les agents secrets trompent leurs directeurs ? Pour ce procès même, n'ont-ils pas fait arrêter plus de quatre-vingts personnes ? A peine reste-t-il le tiers de ce nombre en prison.

O police secrète, voilà de tes tours!.....

Messieurs de la Cour, les faux rapports, les erreurs de la police pourraient vous entraîner à en commettre vous-mêmes, si vous n'y preniez garde. Défiez-vous de la police! Ne jugez point d'après ses seules dépositions; ne jugez point sur de simples apparences, elles sont si souvent trompeuses. N'est-ce pas en jugeant sur des apparences, que dis-je! sur des témoignages qui se croyaient sincères, qu'un tribunal criminel a frappé Lesurques?[*] Oh! si j'avais le pouvoir d'évoquer son ombre sanglante et de la faire paraître devant vous, ce triste spectacle vous rappellerait, mieux que mes paroles, qu'un jugement sage doit s'appuyer sur des preuves certaines et non pas seulement sur des apparences.

D'après ce que vous savez maintenant, comment pourrez-vous croire plus longtemps à ma supposée nomination de chef suprême, titre dont on m'affuble si complaisamment ?

Comment pourriez-vous ajouter foi à toutes ces supposées nominations de chefs de division ?

---

[*] Voir une brochure intitulée : *Drames Judiciaires* (affaire Lesurques), imprimée chez Firmin Didot frères, rue Jacob, 38. — Bureau de souscription, rue des Saints-Pères, 8.

Réfléchissez-y un moment, et vous verrez combien une pareille accusation est absurde.

J'aurais été nommé chef suprême ; par qui? par Bachelet, Vassel et Gastinel, sans l'approbation ou le consentement de ceux que j'étais supposé devoir commander! Les prétendus chefs de division auraient été désignés sans avoir été mis en rapport avec moi, et nous aurions accepté les uns et les autres de pareilles fonctions sans nous connaître, sans pouvoir nous apprécier, ou nous donner une sanction réciproque. Une pareille prétention n'est-elle pas illogique et absurde? Comment! un jour, et quel jour! jour de combat, j'aurais eu des ordres à donner à des gens qui, pour n'avoir pas été consultés, auraient eu le droit de contester mon commandement. Voyons! cette accusation peut-elle être soutenue sérieusement ? J'aurais eu à diriger des hommes que je ne connaissais pas moi-même ; des lieutenants dont je n'aurais pas pu apprécier de longue-main le caractère, la valeur, et l'on voudrait faire croire que j'aurais pu accepter la responsabilité d'une prise d'armes dans de pareilles conditions. Des gens sensés peuvent-ils admettre une pareille chose? Notez bien encore qu'on a fixé l'époque de la lutte. Suivant l'officier de paix Lagrange, ou plutôt suivant son inconnu (car Lagrange déclare n'avoir rien vu, rien entendu, ne rien savoir par lui-même de tout ce qu'il rapporte dans son ingénieux procès-verbal), suivant l'homme des ténèbres, la lutte était fixée au 25 mars. On nous arrête le 2, et à cette époque il est établi que non-seulement je n'avais été mis en rapport avec aucun de ceux qu'on prétend devoir y prendre part, mais encore, à cette époque du 2 mars, c'est-à-dire vingt jours avant l'action, il n'y a pas une arme prête, pas même de munitions de guerre. Je me trompe, l'accusation produit un vieux paquet de cartouches, de quinze ans d'âge, trouvé dans la vieille giberne de l'ancien garde national Balduc, et une paire de pistolets de poche, qu'on n'a pas même osé montrer à l'audience.

Messieurs du tribunal, faites-y attention, une accusation soutenue avec de pareils éléments, est une chose grave ; elle peut rendre notre nation ridicule à l'étranger, et la déconsidérer aux yeux du monde entier.

Une condamnation peut avoir des conséquences bien plus

graves, elle créerait un principe judiciaire qui permettrait de frapper, sans preuves, en matière politique, d'après des dénonciations anonymes.

Ce serait exposer chaque citoyen, vous exposer vous-mêmes à recevoir un coup pareil à celui qui m'atteindrait.

Ma condamnation justifierait, au frontispice du temple de la Justice, l'inscription de cette sentence latine : *Hodiè mihi, cras tibi*. Chacun, en France, pourrait craindre pour son lendemain. Comme le disent si judicieusement les journaux, le *Monde* et le *Siècle*, une condamnation serait une menace pour tous. Je n'ai pas conspiré, vous ne me condamnerez pas. Si j'avais trempé sérieusement dans une conspiration, on trouverait d'anciens amis politiques à mes côtés. Vous n'en voyez pas un seul. Il y en avait deux, Greppo et Marry, tous deux ont été acquittés. Toutes ces considérations doivent frapper votre esprit, je n'en doute pas.

Quelques mots maintenant sur la boule en bois, décorée malicieusement du nom effrayant de bombe Je n'avais nulle connaissance de cette affaire avant les débats qui se sont déroulés devant le tribunal de première instance. Consultez l'instruction judiciaire, vous verrez qu'elle ne m'en avait rien révélé de précis. J'ai suivi ces débats avec beaucoup d'attention ; et, n'en déplaise à l'accusation, mes connaissances en chimie m'autorisent à lui dire que je ne puis considérer cette bombe comme sérieuse. Suivant moi, elle ne pouvait produire qu'un éclat, mais un immense éclat de rire.

Lorsque je vois les efforts que font mes adversaires pour me mêler à un pareil projet, c'est comme s'ils voulaient imprimer sur moi un cachet d'ignorance et de stupidité que je repousse.

Oui, je le dis hautement, il n'y a qu'un imbécile qui pût conseiller, pour un tel but, de donner à une bombe une forme ronde et de la charger avec du fulmi-coton. Non, Monsieur le procureur impérial, vous ne pouvez continuer à faire des insinuations contre moi, à ce sujet ; puisque vous avez eu assez de bienveillance pour me reconnaître quelque intelligence, n'insinuez pas davantage que j'ai été consulté en cette circonstance, ce serait par trop illogique.

Du reste, le parquet a reconnu que je ne pouvais pas raisonnablement en être accusé, autrement il m'eût fait juger en cour d'assises.

Pour essayer de me rattacher à cette affaire, l'argument dont on se sert est pitoyable. On dit : «Barrouin connaît Créancy (peu m'importe Créancy; il a été parfaitement prouvé que je ne le connaissais pas et que je n'ai jamais eu de rapports avec lui) et Barrouin s'est rendu chez vous, le dix février à huit heures du matin; il en est sorti de suite, s'est promené quelque temps sur le boulevard Sébastopol, puis est revenu à votre domicile.»

Cette fois, pas plus que l'autre, je ne l'ai vu au moment où il est entré, j'étais encore couché, retenu au lit par une indisposition, je me suis levé vers dix heures; je l'ai trouvé assis auprès du feu; il causait avec une personne de ma famille, en m'attendant; nous sommes restés ensemble de vingt minutes à une demi-heure au plus.

Est-il présumable que, dans une première et seule visite, il ait osé me faire des propositions pour un tel projet, s'il l'avait eu? Peut-on vous persuader qu'en aussi peu de temps, je me serais décidé à y donner mon adhésion? Jamais personne ne le croira. En pareille circonstance, un frère ne se déciderait pas, au premier abord, à faire une telle confidence à son frère, et l'on pourrait croire que des personnes, se connaissant à peine, eussent ainsi traité un pareil sujet. — Voici la vérité : Barrouin m'a consulté sur un rhume assez grave, je lui ai indiqué quelques remèdes dont il a dû faire usage. Il m'a parlé trempe. Je lui ai donné une recette prise dans un ouvrage du docteur Lunel, intitulé : *Mille recettes et procédés industriels*. Cette recette est ainsi composée : prussiate de potasse, sel de tartre, savon vert, axonge, qui lui ont été délivrés par le pharmacien Alorge, mélangés sous forme de pâte. Ces substances, livrées ainsi, ne sont pas dangereuses; le fussent-elles, qu'on serait mal venu à dire que je me suis entendu avec mon successeur; car, depuis la vente de ma pharmacie, sa conduite envers moi ne lui avait pas mérité ma confiance et toute mon estime. J'ai eu avec lui des contestations d'intérêts, que je n'ai pas ordinairement avec les personnes qui traitent des affaires avec moi.

2.

Mais, dit-on, Barrouin a pris d'autres substances. Oui, et ce sont les débats qui me l'ont révélé. Il s'en est fait délivrer *sur sa demande personnelle et verbale, sous sa propre responsabilité*, pour une trempe dont il dit connaître seul le secret. On objecte que parmi ces substances il y avait de l'acide sulfurique, et 90 grammes d'azotate de potasse, avec lesquels on peut faire du fulmi-coton (La véritable méthode est un mélange proportionné d'acide sulfurique et d'acide azotique). Je n'ai pas à m'en préoccuper, puisque ces matières ont été prises sans m'en demander avis, et sans ma participation. Je n'aurais rien à dire, car tout cela ne me regarde pas. Dans l'intérêt des débats, j'ai bien voulu en parler, afin de vous mettre à même de bien apprécier. La dose d'azotate de potasse (90 grammes) délivrée à Barrouin, ne pouvait donner qu'une quantité insuffisante de fulmi-coton, 15 grammes environ, représentant 75 grammes de poudre de chasse. On a saisi les substances de Barrouin chez le marchand de vins, où il les avait déposées; il n'y avait pas de coton, troisième élément indispensable à la fabrication du pyroxile. Si Barrouin avait eu la pensée de faire cette préparation, pourquoi n'aurait-il pas acheté le coton nécessaire? Il attendait, dira-t-on peut-être; alors, il pouvait attendre aussi pour l'acide sulfurique et l'azotate de potasse, substances qu'on se procure si facilement dans le commerce, qui en livre chaque jour des quantités considérables aux arts industriels.

Du reste, Barrouin répond suffisamment à l'accusation, en justifiant qu'il s'occupe, tout particulièrement, de la trempe des métaux. Le contre-maître de M. Leseigneur n'est-il pas venu déclarer aux premiers juges que Barrouin faisait constamment des essais de trempe, et que, parmi ses camarades d'atelier, il avait une réputation d'habileté dans cette partie spéciale de ses travaux? Est-ce assez concluant? M. l'expert Baudet, beau-frère de M. Fleury, juge d'instruction dans ce procès, a déclaré, il est vrai, que la théorie ne pouvait admettre ce genre de trempe; mais interpellé pour savoir s'il avait essayé *pratiquement*, il a répondu négativement.

Pourtant, dans le préambule de son rapport, il avait énoncé

cette proposition, connue de tout le monde : « Dans l'opération de la trempe, il s'opère des changements atomiques moléculaires, des phénomènes physiques inexplicables *théoriquement.* » Et il n'a pas fait d'essais pratiques ! Quelle contradiction ! Il a prétendu aussi que les acides n'étaient mis en usage dans aucun procédé de trempe. J'ouvre le livre du docteur Lunel, qui s'est occupé spécialement de ce travail, j'y trouve la condamnation des savantes théories du théoricien M. Baudet. Je lis à la page 4 du même livre : « Tous les acides trempent plus fortement que l'eau. » Y a-t-il moyen de nier maintenant qu'on les emploie à cet usage ? Pour n'être pas trop sévère, disons que M. Baudet n'est pas bien au courant de ces questions. Ne voulant rien affirmer sans avoir une certitude, sachant, comme le dit M. Baudet, que *la pratique seule peut résoudre le problème*, j'ai fait essayer la trempe de Barrouin par mes deux fils, étudiants en médecine. Elle a parfaitement réussi.

Telles sont les observations que ma conscience me faisait un devoir de vous présenter pour Barrouin, parce que toutes les circonstances que je connais me font croire à sa bonne foi et à son innocence. S'il en est autrement, si Barrouin, se rendant complice des intrigues qu'on a fait jouer autour de moi, s'est mêlé aux manœuvres de Bachelet, Vaudelin et autres, pour faire croire que la boule en bois était un véritable projet de bombe, je n'ai plus à me préoccuper de son sort, je le rejette avec mépris loin de moi. Mais je n'ai pas à être sévère avec lui ; sous tous les rapports, je le crois innocent.

7º Un propos de la femme Surger. — De tous les côtés, cette femme a reçu des démentis, et elle a été convaincue de faux témoignages à l'audience. Elle répétait ce propos de travers, comme une leçon mal apprise, malgré la répétition qu'on lui avait fait exécuter en présence d'un commissaire de police, son bienfaiteur, et de quatre Messieurs à cravate blanche. Surger, son mari, est venu aussi balbutier une déposition contre je ne sais plus quel prévenu. Son émotion a été si grande, que Monsieur le président a été forcé de le faire secourir : Il a failli tomber en syncope. En le voyant dans cette triste position, on se disait :

« Quelle terrible chose qu'une conscience en peine. » Ce témoin, digne époux de sa digne épouse, a été, lui aussi, convaincu de faux témoignage.

Les déclarations de ces deux témoins ont été considérées comme fausses en première instance. Les prévenus, contre lesquels le ministère public n'a opposé que ces témoignages, ont été écartés du débat. Perdu, Juméra, les frères Médinger, signalés par les époux Surger, ont été acquittés, et l'on oserait se servir contre moi de ces faux témoignages !

Suivant Monsieur le rapporteur, l'accusation paraît se décider enfin à abandonner le misérable rapport Lagrange.

L'opinion publique aime les choses honnêtes : elle lui en tiendra compte. Mais, après le rapport Lagrange, de faux témoins pour appuyer les décisions de la justice ! Non, elle ne peut les écouter, elle ne voudra pas.

8° L'adresse de Greppo, trouvée sur mon calepin. — Pourquoi donc revenir sur Greppo qui a été acquitté ? Son nom y figurait en bonne compagnie ; puisqu'on y voyait les adresses de personnes avec lesquelles j'ai échangé des visites ou traité des affaires ; on y lisait les noms de MM. Vallette, professeur à l'école de droit ; Marchal de Calvi, docteur, médecin de quelques membres de la famille Bonaparte ; Emile de Girardin ; Alloury, mon parent, rédacteur des *Débats* ; Crémieux, Théodore Bac, Jules Favre, Carnot, et de bien d'autres personnes, qu'on ne veut pas, qu'on n'oserait certainement pas incriminer.

9° Mon adresse de la rue Corneille, 7, trouvée chez Perrinet. — Quelle horreur ! quel crime ! mon adresse chez quelqu'un ! Heureusement, M. Fleury, ancien membre de l'Assemblée constituante, est venu confirmer ma propre déclaration : que Perrinet avait eu besoin de connaître mon domicile afin de me demander un emprunt de mille francs que je n'ai pu lui faire. M. Fleury a déclaré que Perrinet s'était adressé à lui pour cette affaire, en disant qu'il m'en avait parlé.

Si l'on voulait m'incriminer pour tous les services que j'ai rendus, la besogne serait longue, il faudrait faire le procès de toute ma vie. J'ai obligé, autant qu'il m'a été possible, tous ceux qui se sont adressés à moi, sans jamais me préoccuper de leur opinion. Pour moi, le malheur n'a pas de couleur politique. Comme certain empereur romain, j'ai toujours pensé qu'une journée employée sans faire le bien était une journée perdue. — Je crois avoir répondu suffisamment à tous les points de l'accusation.

Il serait puéril de s'arrêter plus longtemps à des propos, à des commérages répandus par une malveillance spéculative, ou colportés par des niais; je puis employer mes instants plus utilement en vous présentant quelques réflexions à titre de considérations générales.

Je commence par vous dire : qu'ensuite de tous les renseignements puisés aux débats de cette affaire, je crois à une conspiration, mais à une conspiration contre moi. Oui! je crois à l'intention de me nuire, en manœuvrant et faisant manœuvrer pour me compromettre.

De là, les quelques apparences qu'on a fait surgir en place de réalités; ces apparences mêmes sont si mal conçues, qu'il suffit de souffler dessus pour les faire disparaître comme des ombres fugitives.

Les ombres disparues, que voit-on?

De malheureux ouvriers trompés, se réunissant sans jamais penser qu'un jour, pour cela, on pourrait les accuser de société secrète.

Comment auraient-ils cru à l'existence d'une société secrète, là où il n'y avait point de règlement, de serment, de mot d'ordre, de signe de ralliement? L'accusation n'en a point fourni. L'inconnu a oublié même la confection du moindre chiffon pouvant tenir lieu de drapeau. Des conspirateurs sans un seul signe de reconnaissance! Voilà une espèce qui n'était pas encore trouvée.

A l'année 1862 appartiendra toute la gloire de cette découverte.

Dans ces réunions, Bachelet pérorait; Vassel y lisait ce fameux manifeste, dont il veut bien se reconnaître l'auteur.

Ah! s'il était moins réservé, ne pourrait-il pas nous en révéler l'inventeur véritable? Ne pourrait-il pas nous dire qui le poussait à le produire, soit par la plume, soit par la parole? Ne pourrait-il pas soulever un coin du voile, et nous montrer des choses capables de faire ouvrir les yeux, non-seulement à vous, Messieurs les juges, mais au pays tout entier ? Peut-être Vassel, retenu par un sentiment que je ne comprends pas, préfère passer pour un peu coupable du fait qu'on lui reproche, plutôt que d'être regardé comme dupe du mensonge et de l'infamie?

Que sa conscience et son intelligence lui puissent pardonner !

Cette affaire est d'ailleurs si mal montée, qu'il faut avoir recours à l'effet d'une bombe supposée..... Alors, vite, arrive Vaudelin, que son propre avocat a dit être l'*homme aux subsides napoléoniens*, et il se fait apporter la boule en bois de Créancy. On la fait rouler un peu, puis on la relègue dans le coin où la police la saisit.

Le gendre de Vaudelin, Girard, qui a acheté cette boule pour servir de modèle, dit-on, a été acquitté. Pourquoi cet acquittement, si l'on considère le projet comme sérieux? Non! il n'est pas sérieux, une chose ronde n'a pas besoin de modèle ; il suffit, pour s'entendre, d'en désigner la grosseur.

Si le projet de bombe était sérieux, il fallait d'abord s'occuper de trouver un fondeur, et principalement un individu pour la lancer.

Comme on ne rencontre pas facilement un homme prêt à faire le sacrifice de sa vie, il valait la peine qu'on s'occupât de le chercher avant tout.

En voulant me mêler à ce ridicule projet de bombe, l'accusation prouve elle-même que l'on ne s'entendait pas avec moi.

On présente Bachelet comme membre du supposé comité des Trois, et Bachelet, *qui connaît si bien l'affaire de bombe,* ne se concerte pas avec moi, son chef prétendu! Il a besoin d'intermédiaire pour me demander des renseignements ; et il m'aurait envoyé Barrouin, que je ne connais presque pas ! Ce dernier voulait, dit-on, faire du fulmi-coton ; mais par là même, on reconnaît implicitement que je ne lui ai point donné d'avis.

Si je m'étais entendu avec lui, je ne lui aurais pas indiqué du fulmi-coton qui, mis dans un récipient de grandeur fixée, n'a pas plus de valeur que la poudre ordinaire ; car s'il est six fois plus puissant, il est au moins six fois plus léger. Donc, la quantité devant être de six fois moindre il ne peut produire que l'effet de la poudre de chasse. Pour un tel but, j'aurais conseillé un fulminate de mercure, ou d'argent; mais du fulmi-coton, jamais.

Je vous ai surabondamment, et logiquement, prouvé que je suis accusé injustement. Je tiens à vous rassurer encore davantage par la déclaration suivante : Je n'admets pas cette maxime des jésuites: « La fin justifie les moyens. » En d'autres termes : « Le succès excuse tout. » Non, je n'aime pas cette formule de coquins, mais je préconise et je pratique ce principe démocratique : La réussite se justifie par les moyens employés pour l'obtenir; elle est honorable, ou honteuse, selon les procédés suivis pour y arriver.

Monsieur l'avocat impérial m'a incidemment accusé d'ambition ; il a cherché à faire croire que j'aspirais à la dictature.

Oui ! j'ai eu, j'ai encore de l'ambition, une noble ambition, que je voudrais voir plus répandue. J'ai l'ambition de servir courageusement, consciencieusement mon pays. Je n'ai jamais eu l'ambition de places données par un pouvoir quelconque. Je n'ai dû qu'à la confiance de mes concitoyens les emplois que j'ai occupés en qualité de conseiller municipal, maire, conseiller général, représentant du peuple.

Je n'ai rien tenu du pouvoir, tout du suffrage universel. On ne m'a jamais vu solliciter dans les salons des gouvernants, pas même en 1848, auprès de mes amis.

Ceux qui les ont fréquentés à cette époque savent qu'ils ne m'y ont jamais trouvé. M. l'avocat impérial lui-même, en y allant, ne m'y a pas rencontré.

Monsieur l'avocat impérial Benoist, dans un dernier passage de son réquisitoire, a jeté à la face des démocrates une injure qu'ils n'ont jamais méritée ; il a dit: « Ce sont des gens qui recrutent leurs adhérents au bagne. »

Je m'attendais, je l'avoue, à tout autre langage de sa part; car je croyais qu'en France les partis avaient appris à se respecter, et que les gens bien élevés savaient se traiter avec plus de dignité. J'aime à croire que Monsieur l'avocat impérial Benoist s'est laissé emporter par le feu de la composition, il faut l'excuser.

Quant à la pensée de dictature que me prête l'accusation, j'y ai répondu devant mes premiers juges.

J'ai déclaré, je déclare encore ici que mes opinions démocratiques s'opposent à ce pouvoir suprême. Une nation ne doit y avoir recours que dans les moments extrêmes, en cas de danger d'invasion.

Je pense, comme les Romains, que la création d'une puissance si formidable ne doit se faire que rarement, et dans le silence de la nuit, pour apprendre au peuple qu'il est honteux d'élever un homme au-dessus des lois !

La dictature dans l'état où la France nous apparaît ! ce serait accepter l'héritage du gouvernement actuel avec plus de treize milliards de dettes, et quels embarras !....................

Un homme seul ne pourrait se charger d'un pareil fardeau, portât-il l'abnégation et le dévouement jusqu'au sacrifice.

Messieurs de la cour, s'il se trouve des gens qui aient poussé à mon accusation, et à ma condamnation pour satisfaire leur ressentiment personnel, je les engage à réfléchir à cette maxime de Sénèque : « La vengeance ressemble souvent à la chute d'une maison qui, en tombant sur une autre, se brise elle-même. » Ils doivent penser aux remords qui rongent, tôt ou tard, le cœur de ceux qu'inspire cette mauvaise conseillère. En consultant l'histoire, ils trouveront des exemples terribles.

J'en cite un seul, il devra leur suffire.

Jusqu'à sa dernière heure, sur son rocher de Ste-Hélène, l'âme de Napoléon a été torturée par le lugubre souvenir du coup mortel qui a frappé l'infortuné duc d'Enghien.

Je termine :

Messieurs de la Cour, j'ai confiance dans votre justice ; j'espère que votre décision ne laissera point de tristes souvenirs et de sinistres présages......

Le ministère public a la parole... ....,....................

RÉPLIQUE DE Mᴱ LAURIER.

Messieurs,

Le débat agonise, nous le sentons tous, mais au moment où la grande voix de Mᵉ Crémieux fait défaut à Miot¹, je prie la Cour de vouloir bien m'accorder encore quelques instants de sa bienveillante attention. En fait et en droit, les questions sont nettement posées. Je pourrai être très-court.

Voyons le droit d'abord.

M. LE PRÉSIDENT. — Mᵉ Laurier, la question de droit a été complétement traitée par Mᵉ Crémieux, tant dans ses conclusions que dans ses plaidoiries.

Mᵉ LAURIER. — Mieux que personne, je sais que ce que dit Mᵉ Crémieux n'est pas à redire, mais prenant la parole après le ministère public, il faut bien que je réponde à ce qu'il a apporté d'arguments nouveaux dans le procès.

M. LE PRÉSIDENT. — C'est entendu, je m'en rapporte à vous pour ne pas prolonger inutilement le débat.

Mᵉ LAURIER. — En droit, notre situation est bien simple : nous nous trouvons en présence d'un employé de la police, dont on prétend faire un témoin, et qui, à ce titre, a prêté serment de dire toute la vérité, rien que la vérité. Or, il arrive que cet employé de la police, M. Lagrange, faisant subir, de son autorité privée, à sa déposition un travail d'expurgation, préparatoire, n'apporte à la Cour que des renseignements choisis, triés, amoindris ou augmentés par lui, nous ne savons pas au

---

(1) Mᵉ Crémieux, malade, n'avait pu venir à l'audience pour répliquer.

juste ; c'est la moitié, le quart, le tiers de la vérité, ce n'est certainement pas *toute la vérité* exigée par la loi.

Ainsi, quand nous avons demandé à M. Lagrange les noms des personnes qui l'ont si minutieusement informé, il a refusé de nous les faire connaître.

Nous avons à mesurer la portée juridique de ces étonnantes réticences.

Aux termes de l'article 319 du Code d'Instruction criminelle, le défenseur peut dire contre le témoin et contre son témoignage tout ce qui est utile à la défense. Telle est la loi ; comment l'appliquerons-nous ? Que dirons-nous contre le témoignage, quand nous ne connaissons pas le témoin ? Faudra-t-il nous en prendre à M. Lagrange ? Mais M. Lagrange n'a rien vu, rien entendu ; il est ici l'écho de personnages qui demeurent masqués devant la justice, qui a pourtant le devoir de tout connaître ; il dépose par procuration, au nom d'un mandataire inconnu. Est-il possible de rien imaginer qui soit plus contraire aux obligations du témoin, aux droits de la défense ?

Depuis le commencement de ce procès, on nous a quelquefois accusés de ne pas rendre à M. Lagrange la justice qui lui est due. Je suis tout prêt à reconnaître que la police est d'une grande utilité dans de certaines affaires ; mais au-dessus des hommages que nous pouvons lui devoir, je place le respect de la loi, et la loi à la main, je vous demande où nous conduira le système d'accusation.

Comment! quatre individus chefs d'une société secrète, prétend-on, se réunissent. Ils sont seuls, Miot, Bachelet, Vassel, Gastinel. Et cependant on nous rend compte de tout ce qu'ils ont dit, de tout ce qu'ils ont projeté, parole par parole, projet par projet. Il y a donc parmi eux un homme qui a accepté d'être l'instrument de M. Lagrange, un révélateur, en un mot? Sans doute ; et, ici, la vérité éclate avec tant de force que tout le monde est d'accord. Mais ce révélateur a nécessairement été salarié ; — on ne fait pas ces choses-là pour l'honneur, j'imagine, — et voilà que M. Lagrange aura glissé dans le procès une déposition qui ne pouvait pas être entendue si elle s'était produite par la bouche du dénonciateur. L'article 322 du Code d'Instruction criminelle est tourné, et la police triomphe de la défaite de la loi.

Mais, dans quelque hypothèse qu'on se place, et à supposer que M. Lagrange n'apporte point ici, en le couvrant de son nom, le témoignage d'un révélateur salarié, encore est-il que ce témoignage ne lui est point personnel. Il ne dépose ni *de visu*, ni *de auditu* ; il y a là quelqu'un qui n'est pas lui, qui le domine et qui domine tout le procès. Eh bien ! ce quelqu'un il faut qu'on nous le nomme pour que nous exercions notre droit de contrôle sur sa personne et sur son témoignage. Qui est-il, où est-il? Dans quel mur s'est-il caché, comment a-t-il rampé, pour tout voir et tout entendre ? Comment est-il entré chez Miot ? A quelle heure? Comment est-il sorti? Je sais que ces questions vont paraître fort indiscrètes à M. Lagrange, mais ce sont les questions du procès, celles auxquelles il faut répondre si l'on veut nous mettre à même de discuter ce témoignage qui, en l'absence de tout moyen de vérification, ne peut pas rester au procès.

A tout cela le ministère public répond que M. Lagrange est couvert professionnellement par l'article 378 du Code pénal. Il y a, nous dit-il, des secrets professionnels qu'on n'est jamais tenu de révéler, même à la justice. Ainsi font les sages-femmes, ainsi font les médecins, et comme l'article 378 n'est évidemment pas limitatif, la jurisprudence l'a étendu aux notaires, aux avocats, et l'on conclut de là qu'il convient d'en couvrir aussi messieurs les agents de la police.

Au nom du barreau, je repousse cette assimilation injurieuse entre nous et M. Lagrange ; mais, en dehors de cet ordre d'idées où je sens que j'ai trop raison pour insister, il me sera bien facile de démontrer l'étrange abus que M. l'avocat-général a fait de l'article 378 du Code pénal.

En effet, cet article est ainsi conçu :

« Les médecins, chirurgiens et autres officiers de santé, ainsi
» que les pharmaciens, les sages-femmes et toutes autres per-
» sonnes dépositaires, par état ou profession, des secrets qu'on
» leur confie, qui, hors le cas où la loi les oblige à se porter
» dénonciateurs, auront révélé ces secrets, seront punis d'un

» emprisonnement d'un mois et d'une amende de cent francs à
» cinq cents francs. »

Voilà le texte aux termes duquel il est défendu de révéler des secrets; ce n'est assurément pas le cas de M. Lagrange qui, lui, les révèle par profession, et il est bien clair qu'à nous apprendre qui sont les traîtres qui l'ont mis au courant de toutes les choses qu'il nous a rapportées, il ne court aucun risque d'amende, ou d'emprisonnement, d'où il suit que l'article 378 n'est pas applicable à sa situation; mais, en admettant que cette grâce d'Etat s'étende jusqu'à lui, je lui dis : L'article 378 ne vous permet pas de diviser ce que la loi déclare être indivisible. La déposition du témoin doit se présenter à la justice dans toute sa teneur, dans toute son intégrité. Est-ce qu'il peut appartenir à un témoin, parce qu'il a l'honneur d'être à la police, de faire, sans consulter la justice, la part de ce qui doit être dit et de ce qui doit être caché? Et ne voit-on pas que, s'il en était ainsi, tout ce que la police gagnerait en puissance la loi le perdrait en dignité?

Non, Messieurs, vous ne voudrez pas accepter cette situation impossible pour la Cour, plus encore que pour la défense. Vous ne voudrez pas qu'au-dessus de vous s'élève je ne sais quel tribunal occulte chargé de préparer des éliminations dans les témoignages. La police a son rôle, il est grand, elle a son utilité qui est incontestable, mais il ne faut pas qu'elle empiète sur vos attributions, il faut qu'elle reste la police pour que vous restiez la magistrature.

L'article 378 du code pénal n'a que faire dans ce procès. M. Lagrange viole de la façon la plus manifeste le serment qu'il a prêté entre vos mains de dire toute la vérité, et dès lors il est trop clair que le débat s'agite en dehors des règles de la démonstration juridique.

J'ai fini sur ce point, et j'aborde la situation particulière faite à M. Miot.

M. Miot, il faut bien le dire, est l'objectif de ce procès. Il en est le personnage non pas principal, mais unique; en lui tout se résume, et vers lui tout converge, si bien que si vous l'écartiez de la cause, on ne comprendrait plus cette société secrète qui resterait ayant pour chef cet homme demi-traître ou demi-fou, peut-être tous les deux à la fois, que l'on nomme Vassel. A part quelques braves gens, à très courte vue d'ailleurs, je ne vois ici que d'indignes comparses que je soupçonne d'être infiniment moins dévoués à la démocratie qu'à la police. Donc, Miot est tout le procès. Eh bien! à la dernière heure de ces longs débats, nous allons, très en courant et en nous résumant le plus possible, vous faire bien connaître cet homme sur lequel on appelle vos sévérités, et, quand vous l'aurez bien connu, vous verrez si vous pouvez le frapper.

Miot est revenu en France depuis peu. Auparavant, il était interné en Algérie. Avant d'être interné, il avait été transporté et longtemps prisonnier en Afrique. Avant d'être transporté il avait été de ceux qui, dans des circonstances que je n'ai point à rappeler ici, ont bravement et légalement accompli le devoir d'une résistance que le succès n'a point couronnée.

Ils ont été vaincus, ces hommes! Depuis ce temps, ils ont voué un culte sacré à la grande cause pour laquelle il n'est plus permis de plaider; ils ont emporté avec eux, dans les prisons et dans l'exil, et gardé pieusement les débris de l'autel écroulé. Est-ce que cela est défendu? Est-ce que cela n'est pas honnête? Est-ce que cela n'est pas beau? Est-ce qu'il n'est pas grand de survivre à sa défaite, de rester inébranlé dans son malheur, fidèle à son passé; de s'affirmer en présence des évènements contraires, et d'opposer la foi en l'avenir à la destruction cruelle, mais passagère, de nos éternelles espérances!

Tel a été Miot. Il n'a pas marchandé au vainqueur le droit qu'il avait de le frapper, on l'a transporté.

Un jour, un acte de clémence césarienne lui rouvre les portes de la patrie; Il rentre en France n'ayant rien sollicité, rien renié, compris dans une mesure de pardon public, subissant la grâce comme il avait subi la peine.

On lui a dit qu'il était libre, il le croit; et, comme dans toutes ses traverses politiques, sa fortune personnelle avait beaucoup souffert, comme il est père excellent et excellent mari et qu'il a autour de lui tout un monde qu'il aime et dont il est tendrement aimé, il songe à fonder un établissement commercial qui lui permette, son travail aidant, de regagner un peu de l'argent que la politique lui a fait perdre. Miot est un chimiste fort distingué. Il fonde, rue de Rivoli, une pharmacie qui ne tarde pas à être fort achalandée.

C'était faire acte de commerce, prendre dans le pays des racines d'intérêts matériels et cela ne permet pas de supposer qu'il y ait apporté l'idée préconçue d'organiser une société secrète.

Le voilà donc en France; il s'y établit sous la foi de l'amnistie, et il revoit, chose naturelle, les gens qu'il devait revoir, ceux que le partage des anciennes infortunes, le souvenir du passé, l'espérance de l'avenir, réunissaient dans des aspirations communes.

Mais, dit le ministère public, Miot ne reçoit de visites qu'à dater du 11 septembre, antérieurement on n'en voit pas. Permettez; tout ce que nous pouvons concéder c'est que, antérieurement, on ne les enregistre pas. Antérieurement, M. Lagrange n'a pas livré Miot à des agents chargés de faire état de ses faits et gestes; mais de ce que, dans les rapports de police, nous ne trouvons pas la trace des visites qu'il a reçues avant le 11 septembre, il ne faut pas conclure que ces visites n'existaient point.

Un grand mouvement politique se prépare: Nous sommes à la veille d'événements considérables en Italie; je me reporte par la pensée au mois de septembre, époque à laquelle a commencé à se développer cette crise sans cesse grandissant qui a abouti à ce que nous voyons aujourd'hui. Que fait Miot? Il reçoit des gens qui lui parlent de l'Italie; Gastinel, Vassel et M. Bachelet lui-même que M. Lagrange n'a pas su saisir; il ne ferme pas sa porte à des coreligionnaires qui viennent parler politique, il parle politique aussi; il ne se cache pas d'exprimer hautement son opinion sur la révolution libérale qui éclate au dehors, qui se recueille et se contient au dedans. Il émet cette idée dont on a retrouvé la trace dans l'instruction et qui me semble juste et nullement séditieuse, que par la force de son rayonnement extérieur la liberté de l'Italie où elle est tout à fait pourrait bien revenir en France où elle est moins, je ne veux point dire où elle n'est pas. Tel est le fonds des conversations recueillies par cet inconnu qui a été l'oreille de M. Lagrange. Jusqu'ici il n'y a pas le moindre mal, et c'est à peine si, de ces choses, on pourrait tirer contre Miot un procès de tendance. Mais le mouvement s'accentue : voici qu'à côté de l'opinion qui porte les révolutionnaires français à secourir les révolutionnaires italiens, se manifeste, en France même, un courant d'idées très-ostensible qui constate un certain état d'agitation. Nous touchons aux représentations fameuses de *Gaëtana* et des *Volontaires de 1814*. A ce moment, Miot, entouré de ses fils qui sont étudiants, se trouve en rapport avec quelques jeunes gens des écoles. Ces jeunes gens ne figurent pas au procès, ils n'ont point à y figurer ; mais il est certain qu'on venait causer avec Miot, non pour savoir s'il fallait renverser le gouvernement et comment il convenait de charger les bombes ou les tuyaux ou le cochonet de Créancy, — nous reviendrons sur ce sujet tout à l'heure, — mais pour s'entretenir d'une situation qui, sans avoir rien de factieux, indiquait, dans la génération nouvelle, des aspirations, et déjà très-impérieuses, vers la liberté.

C'est ici que le procès prend vis-à-vis Miot une tournure décidément perfide.

Il est certain qu'il a tenu sa porte très ouverte, qu'il a parlé politique souvent et avec bien des personnes et toujours dans un sens très avancé, mais à cela se borne ce qu'on a pu relever directement contre lui, si bien que, sur ce point, les informations de la police ne vont pas plus loin que les aveux du prévenu.

Quant aux réunions diverses que M. Lagrange nous apprend avoir eu lieu chez Vassel, chez Gastinel ou chez Bachelet, quant aux conciliabules du prétendu comité, il est reconnu que Miot n'y a jamais assisté. Il n'a fait acte de vie politique extérieure d'aucune façon; il est resté chez lui, faisant une opposition forcément platonique, recevant quelquefois et parmi beaucoup d'autres, Vassel et Gastinel; mais jamais, au grand jamais on ne l'a vu sortir pour se mêler aux groupes des soi-disant conspirateurs, pour prendre part aux réunions qui se tiennent depuis le mois de septembre jusqu'à l'arrestation des accusés.

Qu'y a-t-il dans tout ceci qui puisse être incriminé, si ce n'est ce qu'a raconté M. Lagrange dans son rapport? et voilà pourquoi, en commençant, j'ai dû insister sur ce document. Vassel, Gastinel, Bachelet & Miot sont tous les quatre ensemble, causant dans la pharmacie de la rue de Rivoli. M. Lagrange sait ce qu'ils ont dit, il nous le répète ; on lui demande de qui il le tient, sur ce point, il est muet ; mais dans les conversations qui sont imputées à Miot, il n'y a rien que ne puisse dire un homme libre dans un pays libre, et le ministère public l'a à peu près reconnu, en déclarant que dans ces réunions, le rôle de Miot avait toujours été celui de la modération, au moins relative.

Où donc trouver le lien nécessaire pour rattacher Miot à la conspiration ?

Mais, dit-on, Miot est un trop habile homme et trop versé dans l'art de conspirer pour qu'on le surprenne ainsi. Il se tient, comme une espèce de Dieu, dans les nuages d'une autorité supérieure, laissant au-dessous s'agiter ses subordonnés. On monte à lui pour prendre les mots d'ordre, mais il sait trop bien son métier pour se laisser voir descendant des hauteurs où il a logé sa dictature. Invisible et présent, il voit tout, conduit tout, inspire tout sans se jamais découvrir. C'est ainsi qu'il a su avec une habileté rare recueillir l'héritage de Blanqui, et, réunissant les débris épars de la société secrète dirigée par ce dernier, organiser une société nouvelle, plus puissante, plus nombreuse encore que la première.

Je ne sais pas, Messieurs, si M. Blanqui a laissé un héritage. Ce que je sais c'est qu'il est à Sainte-Pélagie, ayant vu condamner autour de lui et avec lui nombre de gens pour délit de société secrète. On nous parle de débris de cette société. M. Lagrange, informé comme il a l'habitude de l'être, aurait donc laissé échapper quelques coupables. C'est bien invraisemblable. Mais s'ils se sont échappés, s'ils ont été ralliés par Miot, qu'on nous le montre. Dans cette affaire, où, certe, les investigations n'ont pas été épargnées, on n'a pas pu, parmi les cinquante-six prévenus trouver un conspirateur qui se rattachât par l'origine à la société Blanqui. M. Lagrange lui-même est muet sur ce point.

Nous sommes donc en droit de dire que ces épaves d'une conspiration antérieure, lien primordial par lequel on prétend rattacher Miot au procès actuel, font complétement défaut au ministère public, et par là croule tout son raisonnement.

Car, remarquez-le bien, tout est là : l'unique question du procès consiste à savoir si Miot n'a pas été l'organisateur et le conducteur ténébreux de tout ce qui s'est pensé, dit, tramé contrairement à la loi. Mais de prime abord, on est obligé de nous concéder un grand point qui est que Miot ne se trouve pas compromis directement dans l'affaire, qu'on y trouve son nom quelquefois, sa personne jamais. Pour rattacher sa personne à son nom, il faudrait quelque chose de mieux que des suppositions, et nous ne voyons pas que M l'avocat général apporte ici rien qu'on puisse appeler une preuve.

La preuve à faire contre Miot, prétendrait-on la tirer de ce qui s'est passé en dehors de lui, des faits et gestes d'un Créancy, d'un Vassel, d'un Bachelet ? C'est là que vous iriez chercher l'écho des conversations et de la volonté de Miot ! est-ce juste, est-ce juridique ?

Ce n'est pas tout ; lorsqu'on veut arriver à des insinuations plus fortes (et ici le néant de l'accusation apparaît dans tout ce qu'il a d'immense), on va chercher l'histoire, la fable, devrais-je dire, des bombes de Créancy ; et, à l'aide de je ne sais quelle terreur que l'on sème dans ce procès, en représentant derrière le délit de société secrète la possibilité d'un crime effrayant, on espère amener la condamnation de Miot.

Voyons donc quel a été le rôle de Miot dans cette affaire des bombes ?

Miot reçoit chez lui la visite de Barrouin. Barrouin est un ancien transporté et un Nivernais, deux qualités qu'on trouve assez souvent réunies. Barrouin connaît Miot à ce double titre. Mais, dit le ministère public, Barrouin sortait de la réunion du *Veau-qui-tette*. Miot y était-il ? Non, mais sa pensée y était ; elle y avait été apportée par Gastinel. (Gastinel n'y était pas). Barrouin sort de cette réunion accompagné de Créancy. Ils se rendent chez Miot. Or, qu'est-ce que Créancy? C'est d'abord un homme immonde, vivant des libéralités d'une fille publique, c'est ensuite le conspirateur qui a eu l'idée des tuyaux explosibles et des bombes. La bombe faite, il fallait la charge. Pour cela, il est tout simple qu'on s'adresse à Miot qui, en sa qualité d'ancien pharmacien, fournira facilement les ingrédients nécessaires.

Soit, j'admets le raisonnement présenté de la sorte. Nous allons voir où il aboutit.

Lorsqu'on arrive rue Corneille, Barrouin seul monte chez Miot. Barrouin avait laissé l'attendant dans la rue, Créancy, ouvrier sans ouvrage, rencontré au cabaret, et qui l'avait suivi comme on se suit entre ouvriers, par désœuvrement et dans l'espérance de quelques bouteilles à boire. Miot n'était pas chez lui ; les deux compagnons s'en vont. Le lendemain Barrouin revient seul. Il désirait consulter sur un rhume, Miot qui, comme tous les pharmaciens, est un peu médecin.

Mais, dit l'accusation, ce n'est pas tout ; il le consulte sur bien autre chose, savoir sur la façon de charger les bombes.

Eh bien ! suivons Barrouin chez le pharmacien, et nous apprendrons nous aussi, par l'ordonnance de Miot, comment les bombes doivent être chargées. Mais ici nous sommes tout à fait déçus. M. Allorge, pharmacien, nous remet cette ordonnance et nous y voyons, quoi ? Premièrement une recette pour la trempe des outils, extraite d'un ouvrage du docteur Lunel ; secondement, une indication de sirop de gomme et des quatre fleurs, toutes choses excellentes pour le rhume et point du tout dangereuses pour la sûreté publique. On est bien obligé de reconnaître qu'il y a loin de cette tisane à un complot, mais alors, usant toujours du mauvais procédé d'argumentation que je signalais tout à l'heure, on cherche en dehors de l'ordonnance, pour savoir ce qu'a ordonné Miot.

En effet, Barrouin qui a de grandes prétentions personnelles en matière de trempe, et qui est en effet chargé de tremper les outils dans son atelier, Barrouin croit avoir trouvé un procédé de trempe exceptionnel. En même temps qu'il prenait chez le pharmacien Alorge les substances inscrites sur l'ordonnance de Miot, il prenait aussi, de son autorité privée, et sans ordonnance, d'autres substances destinées à l'expérimentation de son système de trempe à lui. Or, il paraît que certaines de ces dernières substances sont celles qui peuvent entrer dans la préparation du fulmicoton. Voilà la poudre, dit le ministère public, la poudre destinée à charger les bombes, et la formule ne peut point ne pas avoir été fournie par M. Miot.

Telle est la rigueur avec laquelle on argumente contre nous.

Nous disons qu'il est impossible que Miot ait fourni cette formule à Barrouin, que c'est la chose du monde la plus invraisemblable, celle de toutes les imputations de ce procès démontrée le plus manifestement être fausse.

En voulez-vous la preuve?

Et d'abord, à supposer que Miot ait donné à Barrouin, en dehors de son ordonnance, les indications sur lesquelles celui-ci est allé chercher les ingrédients en question, on arrive à la démonstration tout justement opposée à celle du ministère public. En effet, dans cette hypothèse, qu'a voulu Miot? Donner à Barrouin les moyens de faire de la poudre Or, M. Boudet, chargé de l'expertise, par l'instruction, nous a dit : « Dans ce que Barrouin prétend être une recette de trempe, il y a *quelques-uns des éléments nécessaires* pour fabriquer de la poudre, mais non pas tous les éléments nécessaires à cette fabrication. Pour faire de la poudre, il faut ajouter à ces ingrédients, d'autres substances, qu'il est certain que Barrouin n'a point prises chez M. Allorge. » Autrement dit, avec ce qui a été pris on ne peut faire de la poudre; et si l'on n'en peut point faire, que reprochez-vous à Miot? Il est bien indifférent qu'il ait fourni la formule, et voilà les bombes à jamais boiteuses.

Oublie-t-on d'ailleurs que Miot est un chimiste fort distingué, qui sait comment les bombes se fabriquent et se chargent; qu'à ce titre s'il eût donné une indication, c'eût été une indication utile, qu'il eût désigné une poudre explosible, un fulminate d'argent ou de mercure par exemple, et non pas des substances qui, isolées, ne donnent pas de poudre du tout, et qui réunies à certains autres, ne fourniraient, et en quantité fort insuffisante, que du fulmi-coton, c'est-à-dire une poudre faible et par conséquent tout à fait impropre au but qu'on se serait proposé. Ne voit-on pas enfin que si Miot avait voulu qu'une bombe se fît, cette bombe serait faite, et qu'il n'eût chargé personne de ce soin, lui qui avait la science pour la fabrication en même temps que les plus grandes facilités de se procurer les substances? Donc, Miot se tire les mains nettes et la conscience tranquille de ces manipulations impossibles, et si l'on écarte cette affaire des bombes qui, pour ne pas être la plus importante du procès parce qu'elle ne fournit pas matière à une accusation précise, n'en plane pas moins sur tous ces débats, je me demande ce qui reste contre lui. Ce qui reste ce sont les déclarations de M. Lagrange. Ce *testis unus* que j'ai le droit d'appeler *testis nullus*, en attendant qu'il lui plaise de dire à la cour d'où lui sont venus ses renseignements.

Nous sommes donc toujours ramenés à ce point : de demander qu'on nous montre un lien existant entre Miot et la société secrète, et ce lien, on ne nous le montre pas.

Mais on nous demande comment nous expliquons que son nom ait été si souvent prononcé, invoqué dans les réunions incriminées ? L'explication est facile. Miot en a donné une, le ministère public en a indiqué une autre qu'on s'étonne que Miot n'ait pas présentée, comme plus probable. Nous les retenons toutes les deux ; elles ne se contrediront point, et, dans toutes les deux, sans doute, il y a du vrai.

Miot vous a dit : « C'est probablement une affaire de police, on a voulu me perdre. » Et le ministère public répond: « Est-il supposable que la police ait pu se livrer à une telle machination ? »

Mon Dieu, Messieurs, je ne voudrais pas dire de mal de la police. Je la respecte autant qu'il convient de la respecter, c'est-à-dire, modérément; mais tenez, n'est-il pas possible de comprendre, étant donnée cette idée première d'un complot, et des agents zélés étant lancés sur cette piste par M. Lagrange, que ces agents, emportés par l'ardeur de leur chasse, poussés peut-être par l'appât d'une récompense qu'on a sans doute soin de proportionner à la capture, ayant d'abord entendu prononcer le nom de Miot, aient commencé à l'inscrire dans leurs rapports, en chargeant quelque peu la couleur. Cela fait, tout le reste s'explique par un mot de Tacite : *Propter peccata proterita, maxima peccandi necessitudo.* Les délateurs de l'empire romain, qui valaient bien ceux du nôtre, se laissaient aller volontiers à ces exagérations lucratives. Pensez-vous que la nature humaine se soit fort améliorée depuis ce temps ? Un premier mensonge est fait, il faut le couvrir par un autre mensonge, et ainsi les mensonges s'en vont se superposant, jusqu'au couronnement de l'édifice, qui est la perte de la victime.

Je ne dis pas que cela soit, je dis que Miot a pu, à son point de vue, se faire ce raisonnement, et que ce raisonnement n'est pas absolument déraisonnable.

Mais voici une considération bien plus grave, celle-là même qu'indiquait le ministère public, et qui explique bien autrement le nom de Miot prononcé dans quelques réunions, cité dans quelques lettres. Miot n'est pas un inconnu dans la démocratie. Il a, à juste titre, la réputation d'un homme courageux dans son opinion, capable de tenir son drapeau aussi ferme qu'il doit être tenu, et, en conséquence, sans qu'il soit besoin de soupçonner la police, il aura suffi à une imagination aussi exaltée que celle de Vassel, à un homme d'ausi bonne volonté que paraît être M. Bachelet, il aura suffi de ce nom et de l'idée, juste d'ailleurs, qu'il pouvait exercer sur les masses une certaine attraction, pour que, sans même qu'on consultât celui qui le portait, il ait été mis en avant Ce n'est pas chose nouvelle que de voir des conspirateurs se servir, pour leurs projets, du nom de personnes qui ne conspirent pas. Sous la Révolution, Danton et Camille, à un moment, passaient pour être de toutes les conspirations ; sous la Restauration, c'était La Fayette, c'était.... je ne veux pas dire qui c'était ; ils sont encore vivants et trop haut placés. J'aime à croire, Messieurs, que ces personnages n'ont jamais conspiré ; on le disait pourtant, et les Lagrange de ces temps ne se faisaient pas faute d'en faire mention dans leurs rapports.

Voulez-vous une preuve encore que Miot ne s'est pas mêlé à la conspiration dont on l'accuse d'être le chef ? cette preuve, je la tire de la dernière pièce qui nous a été lue par M. l'avocat général, du manifeste de Vassel. Miot n'est pas homme à cacher ce qu'il pense, et ses opinions sont connues pour être l'opposé, point pour point, de celles de Vassel.

Vassel, lui, veut l'Etat au-dessus de tout ; l'Etat absorbant l'homme, la femme, l'enfant même. C'est le comble de la cruauté dans l'ineptie. Vassel est l'un de ces hommes à qui nous devons imputer la perte de nos libertés publiques ; il est un fauteur de doctrines avec lesquelles il n'y a rien de possible, si ce n'est la société livrée à l'absolutisme le plus affreux, le plus brutal, au despotisme d'un César. Ces opinions détestables ne sont pas celles de Miot. Miot est avant tout l'homme du progrès par la liberté, l'homme de la démocratie avancée. Ah ! Messieurs, l'un des plus grands esprits du dix-septième siècle, La Bruyère, a dit : « Tout arrive en France. » Il a dit vrai, et si tout arrive, c'est parce que tout passe Eh bien ! si, ce qu'à Dieu ne plaise, on voyait revenir des temps funestes à la liberté, ce jour-là vous trouveriez Vassel et Miot chacun dans un camp opposé ; Vassel parmi les faux partisans du socialisme, de la centralisation et de l'embrigadement à outrances, parmi les agents provocateurs peut-être, parmi les fous en tout cas, vous le trouveriez parmi ces misérables qui ont perdu la liberté d'une façon, qui, nous l'espérons bien, n'est pas définitive. Quant à Miot, vous le verriez de sa fortune, de ses armes, de sa poitrine, défendre ce qu'il a toujours défendu, les principes pour lesquels il a souffert, qui l'ont mené aux barricades de St-Méry en 1832, à la transportation ensuite ; vous le retrouveriez fidèle à ce drapeau de la liberté qui est celui de la démocratie française, qu'il n'abandonnerait pas plus alors qu'il ne l'a abandonné autrefois.

Un dernier mot, messieurs. Quand Miot a quitté l'Algérie, on lui a dit : « L'amnistie vous délivre, la France vous est rouverte. » Il croit cela, il rentre dans son pays. Il fonde un établissement commercial important, c'est-à-dire qu'il fait ce que jamais conspirateur ne fera. Vous nous avez parlé de Mazzini dans ce débat. Mazzini, ce révolutionnaire émérite, ce roi des conspirateurs, si le nom de roi et celui de Mazzini pouvaient aller ensemble, Mazzini, qui s'y connaît, n'achète point de fonds de commerce, il n'a aucune espèce d'attache ni là ni là ; c'est un homme toujours prêt et prêt à tout, libre d'intérêts, libre de famille, se masquant, se déguisant tantôt à Londres, tantôt à Venise, peut-être à Rome. Voilà le conspirateur, on le sent partout, on ne le trouve nulle part, et pour atteindre son but, il se met du premier coup dans des conditions d'ubiquité parfaites. Voyez Miot, au contraire. Il est marié, c'est un excellent mari, un excellent père, ses deux fils étudient la médecine à Paris, à côté de lui, il fonde une pharmacie rue de Rivoli, et vous voulez que cet homme conspire! Mais vous avez contre vous un témoin formel, un témoin qui vaut cent fois M. Lagrange, la vraisemblance ! Il est impossible d'admettre un seul instant que Miot occupé de telles affaires, contenu et fixé par de tels devoirs, ait accepté d'être le chef d'une société secrète ; je vous demande son acquittement.

Le ministère public, rendant à l'honorabilité personnelle de Miot un hommage qui nous a tous touchés et qui semblait appeler une autre conclusion, vous disait en terminant son réquisitoire : « J'ai beaucoup réfléchi, beaucoup hésité, mais, après mûre délibération, je crois que vous devez condamner ce prévenu. » Cela prouve, Messieurs, que M. l'avocat général qui connaît si bien ce procès, ne connaît pas assez Miot ; chevaleresque comme il est, si Miot était coupable, je crois pouvoir dire qu'il tiendrait à honneur de le déclarer ; vous auriez son silence peut-être, très-probablement son aveu, car il est de ceux qui pensent avec le poète que

Le crime fait la honte et non pas l'échafaud.

J'ai fini, Messieurs. Permettez-moi cependant d'ajouter encore un mot. Miot est revenu en France sur la foi de l'amnistie de 1859. Vous voudrez que la liberté qu'on lui a rendue soit une vérité, vous l'admettrez avec son caractère, n'aimant pas le gouvernement sans doute, ayant le droit de le dire, et le disant, mais ne conspirant pas. Il ne faut pas que de vos délibérations sorte une sentence qui lui fasse croire que ce pardon était un leurre, cette amnistie un guet-à pens. Vous rendrez un arrêt d'acquittement en sa faveur, parce qu'il n'a pas conspiré et qu'il est étranger à toutes les trames dans lesquelles on a voulu l'envelopper.

———

La Cour maintient le jugement de condamnation à trois ans d'emprisonnement. — Pourvoi a été formé en cassation. Le 18 décembre 1862, la Cour, présidée par M. Vaïsse, en prononce le rejet.

Conséquences, imprimées dans le *Droit,* journal des tribunaux, numéro du 30 décembre 1862 :

L'article 154 du Code d'instruction criminelle, sur les modes de preuves des délits et contraventions, n'est pas limitatif,

En conséquence, les tribunaux correctionnels peuvent former leur conviction sur tous les documents et renseignements produits devant eux, et notamment sur des rapports d'agents de police.

Les agents de police, agissant dans leurs fonctions, ne peuvent pas être considérés comme des dénonciateurs récompensés ; par suite, un tribunal correctionnel a pu, sans qu'il y ait violation des articles 155 et 322 du Code d'instruction criminelle, refuser de demander à un agent de police les noms des agents de qui il tenait ces renseignements.

La loi ne spécifiant pas les caractères constitutifs de la société secrète, il appartient aux tribunaux de décider en fait si les circonstances, relevées par l'instruction et les débats, établissent l'existence d'une société secrète.

———

Nantes. — Imprimerie du Commerce — Ev. Mangin.

www.ingramcontent.com/pod-product-compliance
Lightning Source LLC
Chambersburg PA
CBHW060518050426
42451CB00009B/1052